차례

손오공과 함께하는 마법 한자 1

★ 한자의 음, 뜻을 써 보세요.

힘을 주어라!

쿨쿨쿨!

기록해 줘!

이름을 지어줘!

식혀라!

打
매우 쳐라!
칠 타 打!
反
반사! 반사!
돌이킬 반 反!
매우 쳐라!
반사! 반사!
改
수리해 줘!
고칠 개 改!
暗
어두워져라!
어두울 암 暗!
됐다!
이리와!
수리해 줘!
어두워져라!
平
평평해져라!
평평할 평 平!
평평해져라!

월 일

아빠 확인	엄마 확인

한자능력검정시험급수 5급

給

糸(실 사)+合(합할 합), 실을 뽑을 때 끊어진 부분을 다시 이어 합한다는 데서 '주다, 대다'라는 뜻을 나타낸다.

糸(실 사)부의 6획 총 12획

줄 급

필순 給 給 給 給 給 給 給 給 給 給 給 給

▶ 올바른 필순에 따라 써 보세요.

給 줄 급

▶ 給이 쓰인 낱말.

급식(給食) – 음식물을 공급함. 식사를 제공함.

급여(給與) – 일을 한 것에 대한 보수.

• 다른 낱말 써 보기

▶ 給이 쓰인 낱말을 써 보세요.

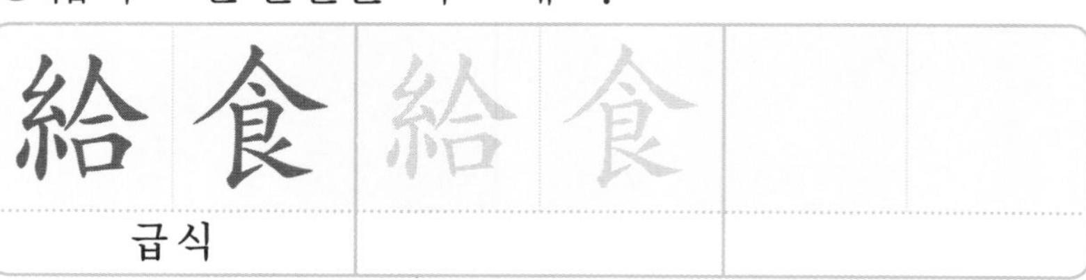

▶ 給이 『마법천자문』의 어떤 장면에서 사용되었는지 기억해 보세요.

월 일

아빠 확인	엄마 확인

한자능력검정시험급수 5급

칠 타

손이라는 뜻의 手와 두드린다는 뜻의 丁이 합하여 이루어진 글자로, 손으로 치는 것을 의미한다.

手(손 수)부의 2획 총 5획

필순

▶ 올바른 필순에 따라 써 보세요.

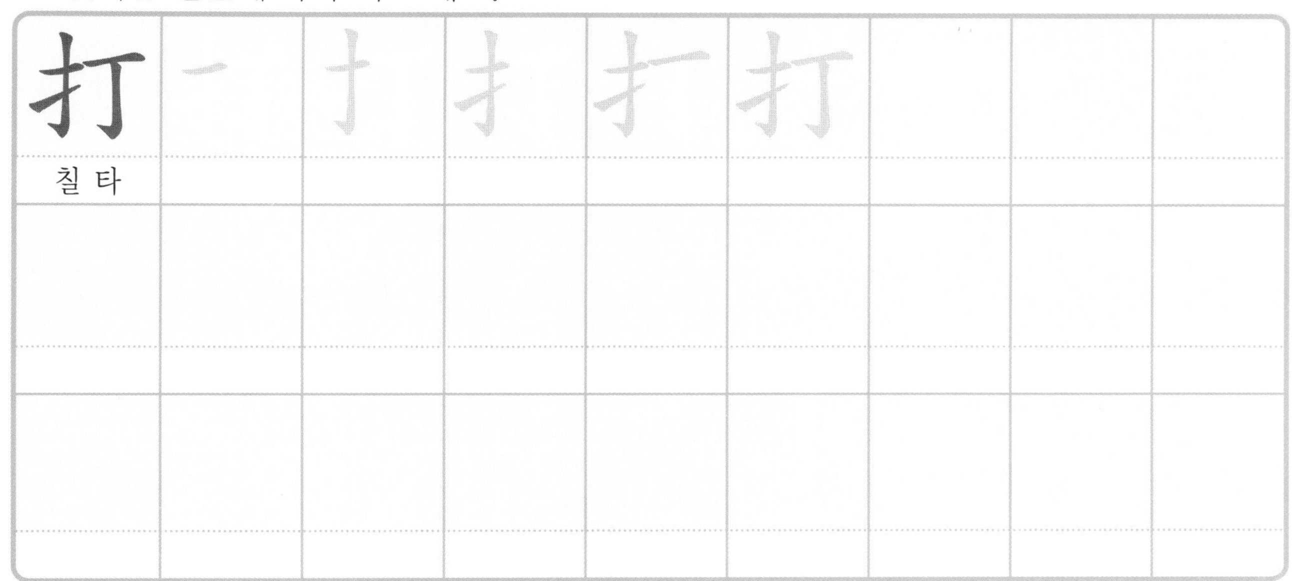

▶ 打가 쓰인 낱말.

타작(打作) – 곡식의 이삭을 떨어서 그 알을 거둠.

타파(打破) – 쳐서 깨뜨림.

• 다른 낱말 써 보기

▶ 打가 쓰인 낱말을 써 보세요.

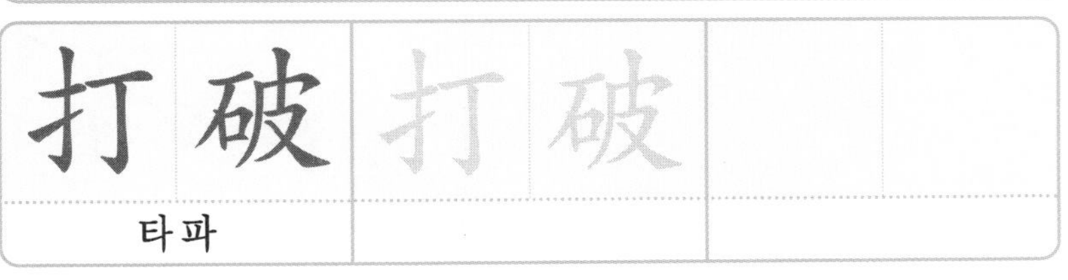

▶ 打가 『마법천자문』의 어떤 장면에서 사용되었는지 기억해 보세요.

월 일

아빠 확인 | 엄마 확인

마법천자문

한자능력검정시험급수 6급

돌이킬 **반**

낭떠러지를 뜻하는 厂과 손을 뜻하는 又가 합하여 이루어진 글자. 낭떠러지를 손으로 잡고 오른다는 뜻에서 '뒤집다, 돌이키다'를 의미한다.

又(또 우)부의 2획 총 4획

필순 反 反 反 反

▶ 올바른 필순에 따라 써 보세요.

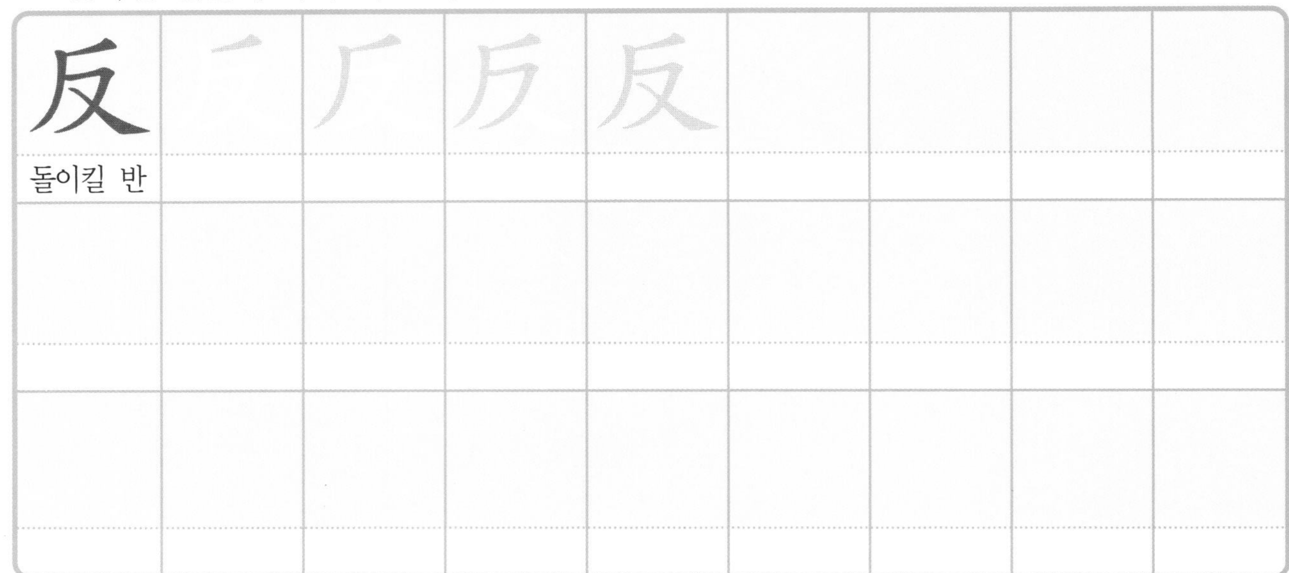

▶ 反이 쓰인 낱말.

반문(反問) – 남의 물음에 대답하지 않고 도리어 되받아 물음.

반성(反省) – 자기가 한 일을 스스로 돌이켜 살핌.

• 다른 낱말 써 보기

▶ 反이 쓰인 낱말을 써 보세요.

▶ 反이 『마법천자문』의 어떤 장면에서 사용되었는지 기억해 보세요.

한자능력검정시험급수 4급

뜻을 나타내는 日과 음을 나타내는 音이 합하여 이루어진 글자로, '어둡다'라는 뜻을 나타낸다.

日(날 일)부의 9획 총 13획

어두울 **암**

필순 暗 暗 暗 暗 暗 暗 暗 暗 暗 暗 暗 暗 暗

▶ 올바른 필순에 따라 써 보세요.

暗

어두울 암

▶ 暗이 쓰인 낱말.

암흑(暗黑) – 캄캄함. 어두움.

암실(暗室) – 빛이 들어오지 못하게 한 캄캄한 방.

• 다른 낱말 써 보기

▶ 暗이 쓰인 낱말을 써 보세요.

▶ 暗이 『마법천자문』의 어떤 장면에서 사용되었는지 기억해 보세요.

한자능력검정시험급수 5급

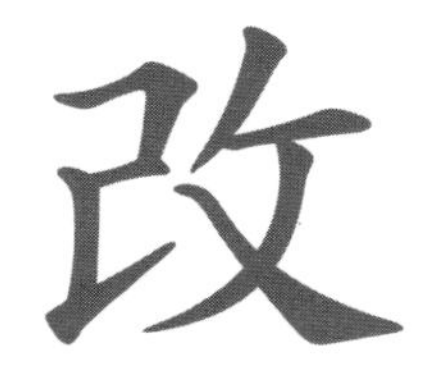

고칠 개

꿇어앉아 있는 아이의 모습을 본뜬 己와 때린다는 뜻의 攵이 합하여 이루어진 글자. 매로 때려 잘못을 뉘우치게 한다는 데서 '고치다'라는 뜻을 나타낸다.

攵(둥글월 문)부의 3획 총 7획

필순 改 改 改 改 改 改 改

▶ 올바른 필순에 따라 써 보세요.

改

고칠 개

▶ 改가 쓰인 낱말.

개선(改善) – 나쁜 점을 고쳐 좋게 함.

개조(改造) – 고쳐 다시 만듦.

• 다른 낱말 써 보기

▶ 改가 쓰인 낱말을 써 보세요.

개선

개조

▶ 改가 『마법천자문』의 어떤 장면에서 사용되었는지 기억해 보세요.

한자능력검정시험급수 7급

記

기록할 **기**

뜻을 나타내는 言과 음을 나타내는 己가 합하여 이루어진 글자로, '기록하다'라는 뜻을 나타낸다.

言(말씀 언)부의 3획 총 10획

필순 記 記 記 記 記 記 記 記 記 記

▶ 올바른 필순에 따라 써 보세요.

記 기록할 기								
記	記							

▶ 記가 쓰인 낱말.

기록(記錄) – 어떤 사실을 적음. 또는 그 글.

기자(記者) – 신문 · 잡지 등의 기사를 쓰거나 편집하는 사람.

• 다른 낱말 써 보기

▶ 記가 쓰인 낱말을 써 보세요.

記	錄	記	錄		
기록					

記	者	記	者		
기자					

▶ 記가 『마법천자문』의 어떤 장면에서 사용되었는지 기억해 보세요.

한자능력검정시험급수 3급

眠

잘 면

뜻을 나타내는 目과 음을 나타내는 民이 합하여 이루어진 글자로, '자다'라는 뜻을 나타낸다.

目(눈 목)부의 5획 총 10획

필순 眠眠眠眠眠眠眠眠眠眠

▶ 올바른 필순에 따라 써 보세요.

眠
잘 면

▶ 眠이 쓰인 낱말.

동면(冬眠) – 겨울잠.

불면증(不眠症) – 잠을 잘 자지 못하는 증세.

• 다른 낱말 써 보기

▶ 眠이 쓰인 낱말을 써 보세요.

▶ 眠이 『마법천자문』의 어떤 장면에서 사용되었는지 기억해 보세요.

월	일

아빠 확인	엄마 확인

한자능력검정시험급수 7급

이름 **명**

夕(저녁 석) + 口(입 구), 저녁이 되면 어두워서 서로 볼 수 없으므로 입으로 불러서 분간한다는 데서 '이름'을 의미한다.

口(입 구)부의 3획 총 6획

필순 名 名 名 名 名 名

▶ 올바른 필순에 따라 써 보세요.

名 이름 명	名	名	名	名	名	名		

▶ 名이 쓰인 낱말.

성명(姓名) – 성과 이름.

명성(名聲) – 세상에 널리 알려진 좋은 평판.

• 다른 낱말 써 보기

▶ 名이 쓰인 낱말을 써 보세요.

姓	名	姓	名		
성명					

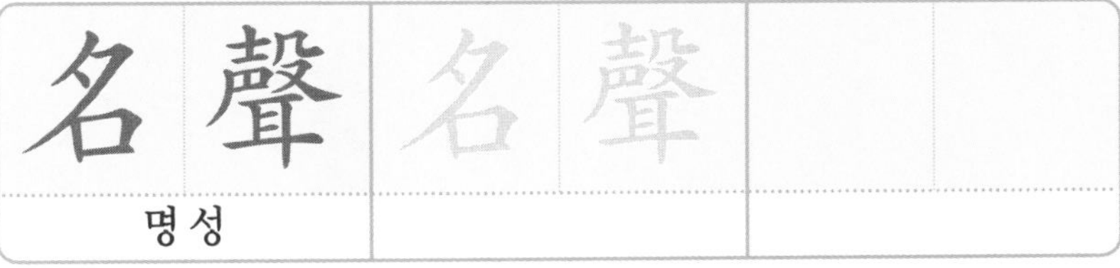

名	聲	名	聲		
명성					

▶ 名이 『마법천자문』의 어떤 장면에서 사용되었는지 기억해 보세요.

월 일

아빠 확인	엄마 확인

마법천자문

한자능력검정시험급수 5급

찰 랭

얼음을 의미하는 冫과 음을 나타내는 令이 합하여 이루어진 글자로, 차갑다는 뜻을 나타낸다.

冫(이수변)부의 5획 총 7획

필순 冷 冷 冷 冷 冷 冷 冷

▶ 올바른 필순에 따라 써 보세요.

冷 찰 랭

▶ 冷이 쓰인 낱말.

냉동(冷凍) – 냉각시켜서 얼림.

냉정(冷情) – 매정하고 쌀쌀함.

• 다른 낱말 써 보기

▶ 冷이 쓰인 낱말을 써 보세요.

冷凍 냉동

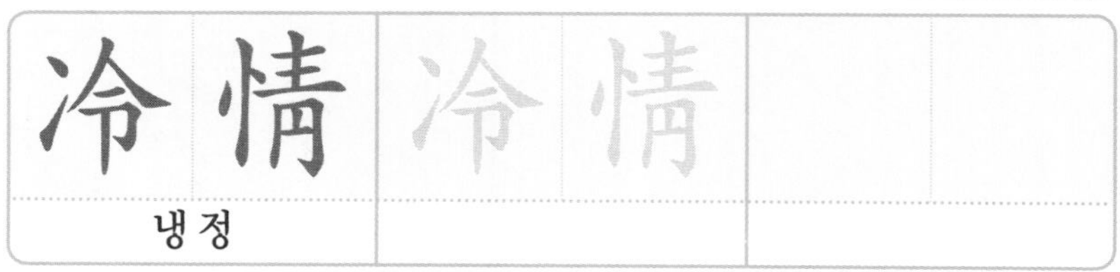

冷情 냉정

▶ 冷이 『마법천자문』의 어떤 장면에서 사용되었는지 기억해 보세요.

한자능력검정시험급수 7급

평평할 **평**

저울의 모습을 본뜬 글자로, '평평하다, 고르다' 라는 뜻을 나타낸다.

干(방패 간)부의 2획 총 5획

필순 平 平 平 平 平

▶ 올바른 필순에 따라 써 보세요.

平

평평할 평

▶ 平이 쓰인 낱말.

평지(平地) – 평평한 지면.

평화(平和) – 전쟁 없이 세상이 잘 다스려짐.

• 다른 낱말 써 보기

▶ 平이 쓰인 낱말을 써 보세요.

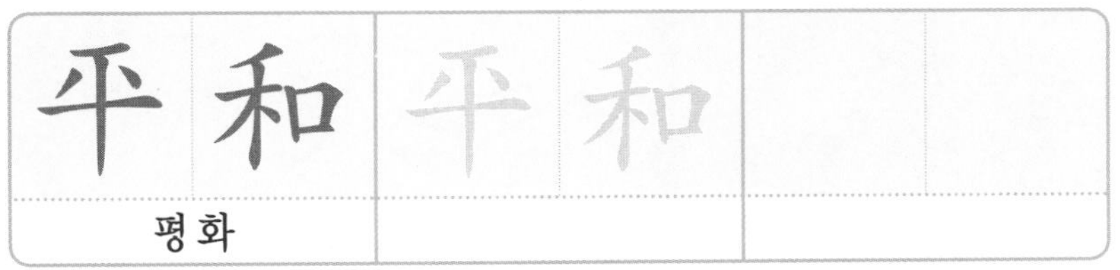

平地 평지

平和 평화

▶ 平이 『마법천자문』의 어떤 장면에서 사용되었는지 기억해 보세요.

6권 만화 속 한자 찾기

★ 만화 속에 숨어 있는 한자를 찾아보세요.

줄 급 ★ 칠 타 ★ 돌이킬 반 ★ 어두울 암
고칠 개 ★ 기록할 기 ★ 잘 면 ★ 이름 명
찰 랭 ★ 평평할 평

월 일

아빠 확인	엄마 확인

주간평가 1

1. 관계 있는 것끼리 이으세요.

2. 한자와 음이 바르게 짝지어진 것을 골라 '○' 표 해 보세요.

월 일

아빠 확인	엄마 확인

마법천자문

3. 빈 칸에 알맞은 한자, 뜻, 소리를 써 넣으세요.

記	기록할	기		기록할	기
名	이름	명	名	이름	
冷	찰	랭	冷		랭
平	평평할	평		평평할	평
記		기		기록할	
	이름	명	名	이름	
冷		랭		찰	랭
平	평평할			평평할	평

손오공과 함께 하는 마법 한자 2

★ 한자의 음, 뜻을 써 보세요.

集
모여라!
모을 집
集!

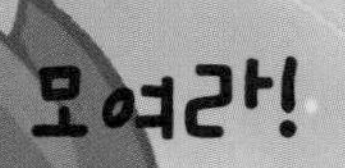

아프냐?
진찰할 진
診!

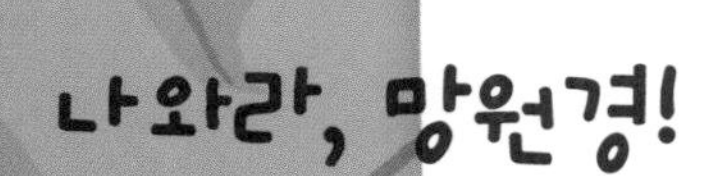

나와라, 밥그릇!
그릇 기
器!

나와라, 돋보기!

나와라, 밥그릇!

散
흩어져라!
흩어질 산
散!
飛
피융하고 날아라!
날 비
飛!
흩어져라!
피융하고 날아라!
受
받아라!
받을 수
受!
送
보내라!
보낼 송
送!
의술섬
받아라!
보내라!
꿀맛으로!
달 감
甘!
甘
꿀맛이야!
꿀맛!
꿀맛으로!

월 일

아빠 확인	엄마 확인

한자능력검정시험급수 6급	集	隹(새 추) + 木(나무 목), 본디 세 개의 隹와 木을 합한 글자가 생략된 자. 세 마리의 새가 나무 위에 앉아 있는 모습을 본떠 '모이다'라는 뜻을 나타낸다. 隹(새 추)부의 4획 총 12획
	모을 **집**	필순 集集集集集集集集集集集集

▶ 올바른 필순에 따라 써 보세요.

集 모을 집

▶ 集이 쓰인 낱말.

집단(集團) – 여럿으로 이루어진 사람이나 동물의 무리.

집중(集中) – 한군데로 모이거나 모음.

• 다른 낱말 써 보기

▶ 集이 쓰인 낱말을 써 보세요.

▶ 集이 『마법천자문』의 어떤 장면에서 사용되었는지 기억해 보세요.

월 일

아빠 확인	엄마 확인

한자능력검정시험급수 4급

散

흩어질 산

삼베를 의미하는 林와 때린다는 뜻의 攵이 합하여 이루어진 글자. 삼베를 두드려 풀어지게 한다는 의미에서 '흩어지다'라는 뜻을 나타낸다.

攵(둥글월 문)부의 8획 총 12획

필순 散 散 散 散 散 散 散 散 散 散 散 散

▶ 올바른 필순에 따라 써 보세요.

散 흩어질 산	一	十	廾	丗	艹	昔	昔	昔
昔	昔	散	散					

▶ 散이 쓰인 낱말.

산문(散文) – 글자 수나 운율 등에 얽매이지 않고 자유롭게 쓰는 글.

분산(分散) – 여러 곳으로 갈려져 흩어짐.

• 다른 낱말 써 보기

▶ 散이 쓰인 낱말을 써 보세요.

▶ 散이 『마법천자문』의 어떤 장면에서 사용되었는지 기억해 보세요.

월 일

아빠 확인	엄마 확인

한자능력검정시험급수 4급

날 비

새가 양쪽 날개를 펴고 하늘을 나는 모습을 본뜬 글자.

飛(날 비)부의 0획 총 9획

필순

▶ 올바른 필순에 따라 써 보세요.

▶ 飛가 쓰인 낱말.

비행(飛行) – 하늘을 날아다님.

오비이락(烏飛梨落) – 까마귀 날자 배 떨어진다. 아무런 관계도 없이 한 일이 공교롭게 다른 일과 때가 일치해 혐의를 받게 됨을 이르는 말.

• 다른 낱말 써 보기

▶ 飛가 쓰인 낱말을 써 보세요.

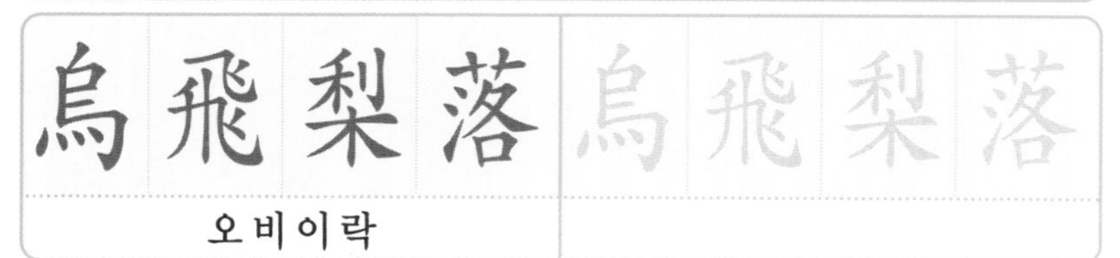

▶ 飛가 『마법천자문』의 어떤 장면에서 사용되었는지 기억해 보세요.

월 일

아빠 확인	엄마 확인

한자능력검정시험급수 4급

보내 **송**

길을 간다는 뜻의 辶과 양손으로 물건을 받들고 있는 모양을 나타내는 关가 합하여 이루어진 글자. 물건을 갖추어 다른 곳으로 보낸다는 뜻을 나타낸다.

辶(책받침)부의 6획 총 10획

필순 送 送 送 送 送 送 送 送 送 送

▶ 올바른 필순에 따라 써 보세요.

送 보낼 송

▶ 送이 쓰인 낱말.

송년(送年) – 한 해를 보냄.

송별(送別) – 멀리 떠나는 이를 이별하여 보냄.

• 다른 낱말 써 보기

▶ 送이 쓰인 낱말을 써 보세요.

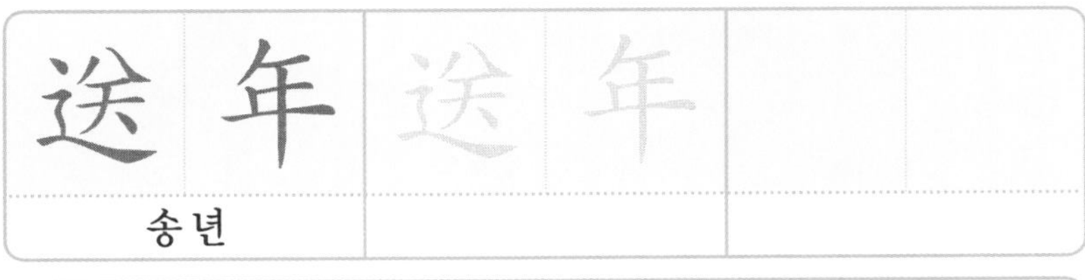

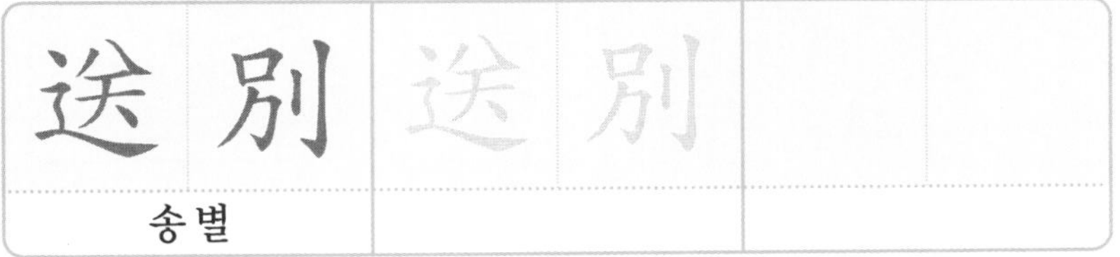

▶ 送이 『마법천자문』의 어떤 장면에서 사용되었는지 기억해 보세요.

월 일

아빠 확인	엄마 확인

한자능력검정시험급수 4급	受	아래위로 손을 본뜬 글자인 爪와 又를 덧붙여, '받다'의 뜻을 나타낸다. 又(또 우)부의 6획 총 8획	
	받을 **수**	**필순** 受受受受受受受受	

▶ 올바른 필순에 따라 써 보세요.

受 받을 수	受	受	受	受	受	受	受	受

▶ 受가 쓰인 낱말.

수업(受業) – 기술이나 학업의 가르침을 받음.

수상(受賞) – 상을 받음.

•다른 낱말 써 보기

▶ 受가 쓰인 낱말을 써 보세요.

▶ 受가 『마법천자문』의 어떤 장면에서 사용되었는지 기억해 보세요.

월 일

아빠 확인	엄마 확인

마법천자문

한자능력검정시험급수 2급

진찰할 **진**

뜻을 나타내는 言과 음을 나타내는 㐱이 합하여 이루어진 글자로, 아픈 사람의 증상을 자상하게 물어 본다는 뜻을 가진다.

言(말씀 언)부의 5획 총 12획

필순

▶ 올바른 필순에 따라 써 보세요.

診

진찰할 진

▶ 診이 쓰인 낱말.

진찰(診察) – 병의 원인이나 상태를 살핌.

청진기(聽診器) – 병을 진찰하기 위해 배, 등, 가슴에 대고 몸속에서 나는 소리를 듣는 의료 기구.

• 다른 낱말 써 보기

▶ 診이 쓰인 낱말을 써 보세요.

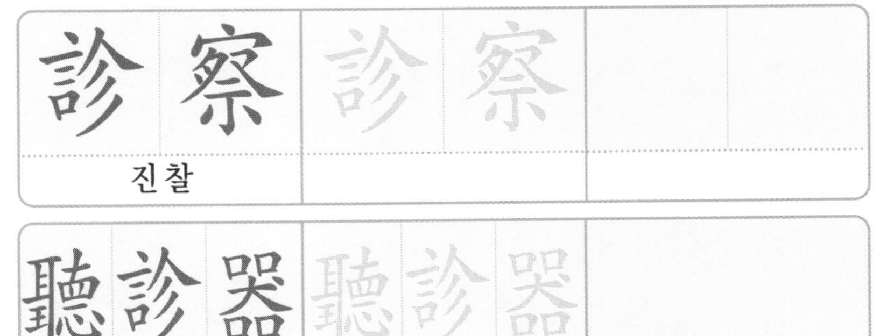

한자는 내게 맡겨!

아프냐? 진찰할 진 診!

▶ 診이 『마법천자문』의 어떤 장면에서 사용되었는지 기억해 보세요.

한자능력검정시험급수 6급

뜻을 나타내는 辶과 음을 나타내는 袁이 합하여 이루어진 글자로, '멀다'라는 뜻을 나타낸다.

辶(책받침)부의 10획 총 14획

멀 **원**

필순 遠遠遠遠遠遠遠遠遠遠遠遠遠遠

▶ 올바른 필순에 따라 써 보세요.

遠

멀 원

▶ 遠이 쓰인 낱말.

원양(遠洋) – 육지와 멀리 떨어진 바다.

영원(永遠) – 시간이 끝없이 길고 오램. 또는 오래도록 변함 없음.

• 다른 낱말 써 보기

▶ 遠이 쓰인 낱말을 써 보세요.

▶ 遠이 『마법천자문』의 어떤 장면에서 사용되었는지 기억해 보세요.

월 일

아빠 확인	엄마 확인

한자능력검정시험급수 6급

가까울 근

뜻을 나타내는 辶과 음을 나타내는 斤이 합하여 이루어진 글자로, '가깝다'라는 뜻을 나타낸다.

辶(책받침)부의 4획 총 8획

필순 近 近 近 近 近 近 近 近

▶ 올바른 필순에 따라 써 보세요.

近 가까울 근

▶ 近이 쓰인 낱말.

근래(近來) – 요사이. 가까운 과거로부터 지금까지.

근교(近郊) – 도시에 가까운 지역.

• 다른 낱말 써 보기

▶ 近이 쓰인 낱말을 써 보세요.

近來 근래

近郊 근교

▶ 近이 『마법천자문』의 어떤 장면에서 사용되었는지 기억해 보세요.

월 일

아빠 확인	엄마 확인

한자능력검정시험급수 4급

器

그릇 기

네 개의 그릇을 뜻하는 㗊과 犬이 합하여 이루어진 글자. 개고기를 담은 그릇이라는 데서 '그릇'을 의미한다.

口(입 구)부의 13획 총 16획

필순

▶ 올바른 필순에 따라 써 보세요.

器 그릇 기

▶ 器가 쓰인 낱말.

기구(器具) – 세간 · 그릇 · 연장 따위를 두루 이르는 말.

악기(樂器) – 음악을 연주할 수 있게 만든 물건.

• 다른 낱말 써 보기

▶ 器가 쓰인 낱말을 써 보세요.

器具 기구

樂器 악기

▶ 器가 『마법천자문』의 어떤 장면에서 사용되었는지 기억해 보세요.

한자능력검정시험급수 4급

甘

달 **감**

입(口) 안에 맛있는 것(一)이 들어 있다는 것으로, '달다' 라는 뜻을 나타낸다.

甘(달 감)부의 0획 총 5획

필순 甘 甘 甘 甘 甘

▶ 올바른 필순에 따라 써 보세요.

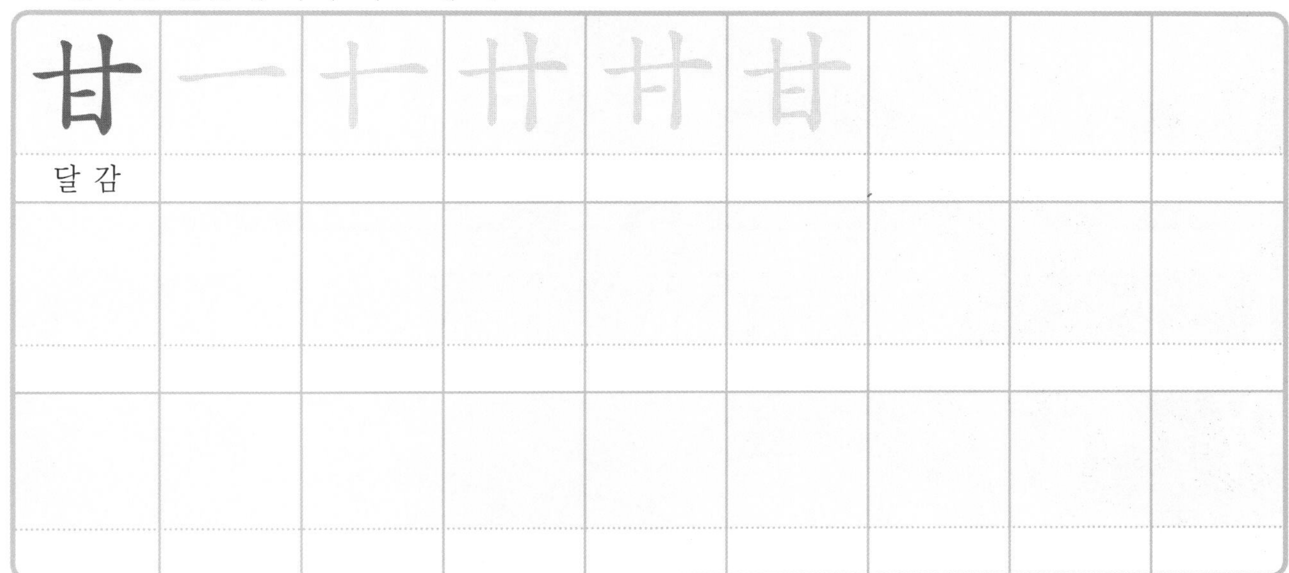

▶ 甘이 쓰인 낱말.

감주(甘酒) – 엿기름을 우린 물에 찐밥을 넣고 삭혀서 달인 음식. 식혜.

감언이설(甘言利說) – 달콤한 말과 이로운 이야기. '남의 마음에 들도록 해주면서 자기에게 유리하도록 그럴듯하게 꾸미는 말' 을 뜻 함.

• 다른 낱말 써 보기

▶ 甘이 쓰인 낱말을 써 보세요.

甘	酒	甘	酒		
감주					

甘	言	利	說	甘	言	利	說
감언이설							

한자는 내게 맡겨!

꿀맛으로! 달 감 甘!

甘

꿀맛이야! 꿀맛!

▶ 甘이 『마법천자문』의 어떤 장면에서 사용되었는지 기억해 보세요.

만화 속 한자 찾기 2

★ 만화 속에 숨어 있는 한자를 찾아보세요.

모을 집 ★ 흩어질 산 ★ 날 비 ★ 보낼 송 ★ 받을 수
진찰할 진 ★ 멀 원 ★ 가까울 근 ★ 그릇 기 ★ 달 감

월	일
아빠 확인	엄마 확인

주간평가 2

1. 관계 있는 것끼리 이으세요.

2. 한자와 음이 바르게 짝지어진 것을 골라 'ㅇ' 표 해 보세요.

3. 빈 칸에 알맞은 한자, 뜻, 소리를 써 넣으세요.

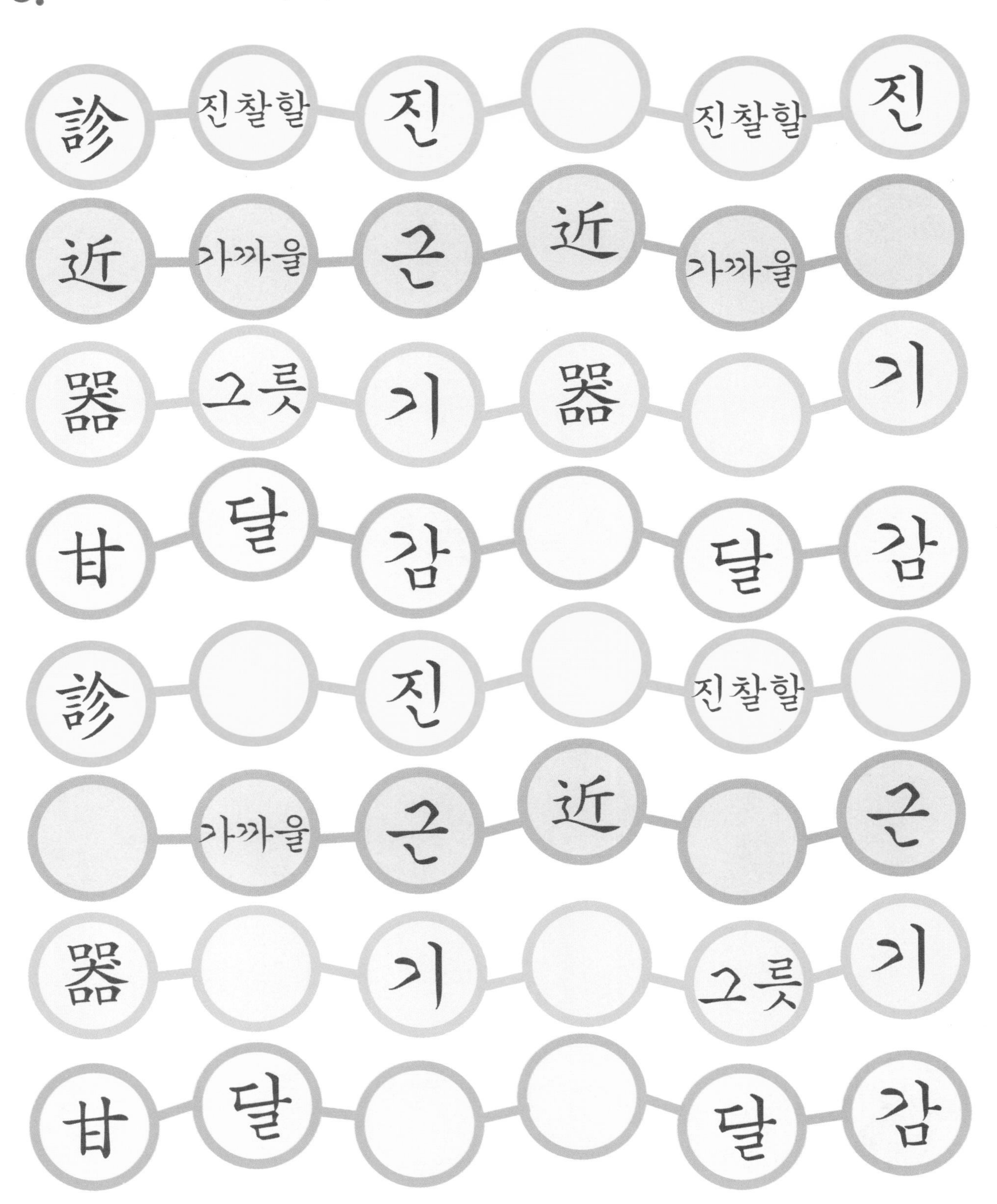

최종형성평가

1. 다음 한자의 훈과 음을 쓰세요.

(1) 給 (　　　　)
(2) 打 (　　　　)
(3) 反 (　　　　)
(4) 暗 (　　　　)
(5) 改 (　　　　)
(6) 記 (　　　　)
(7) 眠 (　　　　)
(8) 名 (　　　　)
(9) 冷 (　　　　)
(10) 平 (　　　　)
(11) 集 (　　　　)
(12) 散 (　　　　)
(13) 飛 (　　　　)
(14) 送 (　　　　)
(15) 受 (　　　　)
(16) 診 (　　　　)
(17) 遠 (　　　　)
(18) 近 (　　　　)
(19) 器 (　　　　)
(20) 甘 (　　　　)

2. 다음 한자어를 우리말로 바꿔 보세요.

(1) 給食 (　　　　)
(2) 打作 (　　　　)
(3) 反問 (　　　　)
(4) 暗黑 (　　　　)
(5) 改善 (　　　　)
(6) 記錄 (　　　　)
(7) 冬眠 (　　　　)
(8) 姓名 (　　　　)
(9) 冷凍 (　　　　)
(10) 平地 (　　　　)
(11) 集團 (　　　　)
(12) 散文 (　　　　)
(13) 飛行 (　　　　)
(14) 送年 (　　　　)
(15) 受業 (　　　　)
(16) 診察 (　　　　)
(17) 遠洋 (　　　　)
(18) 近來 (　　　　)
(19) 器具 (　　　　)
(20) 甘酒 (　　　　)

3. 다음 밑줄 친 단어를 한자로 쓰세요.

(1) 나는 어제 동생과 싸운 것을 깊이 반성했다. (　　　　　)

(2) 민진이는 지난 학기에 어린이 신문 기자로 활동했다. (　　　　　)

(3) 고민되는 일이 생기면 불면증에 걸리기 쉽다. (　　　　　)

(4) 승현이는 공부할 때 집중을 잘 하는 편이다. (　　　　　)

(5) 나는 여러 가지 악기를 다룰 줄 안다. (　　　　　)

4. 다음 한자어의 뜻을 쓰세요.

(1) 烏飛梨落 : ____________________

(2) 近郊 : ____________________

5. 빈칸에 들어갈 한자를 찾아보세요.

(1) ( )言利說

① 苦　② 甘　③ 名　④ 記

중간평가 1 (16,17)

1. 관계 있는 것끼리 이으세요.

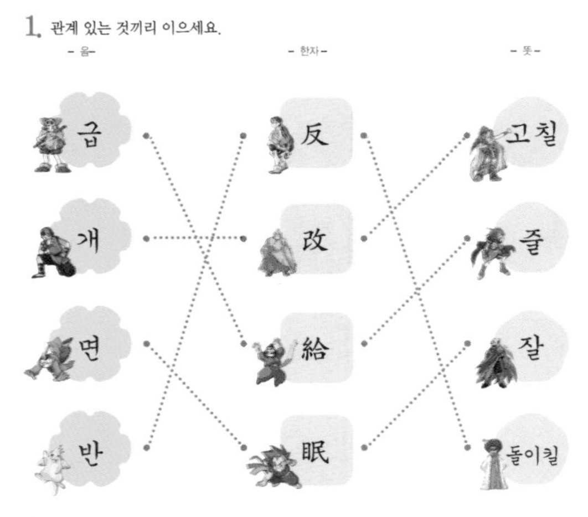

2. 한자와 음이 바르게 짝지어진 것을 골라 'ㅇ' 표 해 보세요.

3. 빈 칸에 알맞은 한자, 뜻, 소리를 써 넣으세요.

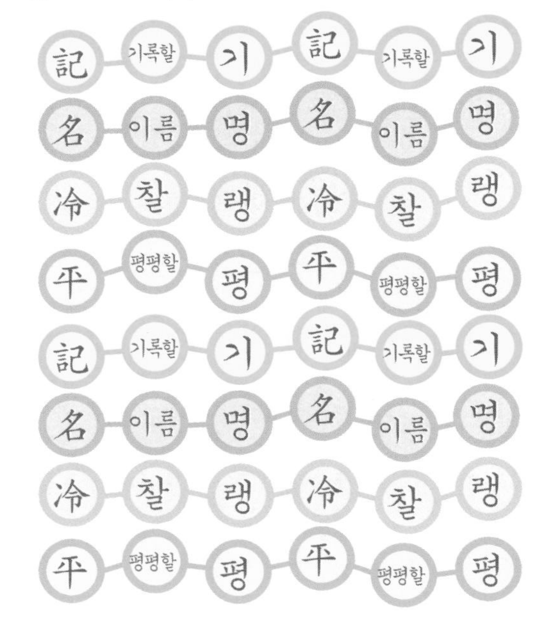

중간평가 2 (32,33)

1. 관계 있는 것끼리 이으세요.

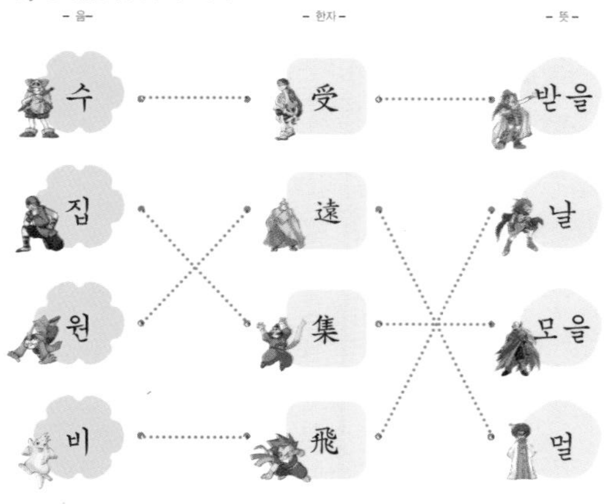

2. 한자와 음이 바르게 짝지어진 것을 골라 'ㅇ' 표 해 보세요.

3. 빈 칸에 알맞은 한자, 뜻, 소리를 써 넣으세요.

최종형성평가 (34,35)

1. (1)줄 급 (2)칠 타 (3)돌이킬 반 (4)어두울 암 (5)고칠 개 (6)기록할 기 (7)잘 면 (8)이름 명 (9)찰 랭 (10)평평할 평 (11)모을 집 (12)흩어질 산 (13)날 비 (14)보낼 송 (15)받을 수 (16)진찰할 진 (17)멀 원 (18)가까울 근 (19)그릇 기 (20)달 감
2. (1)급식 (2)타작 (3)반문 (4)암흑 (5)개선 (6)기록 (7)동면 (8)성명 (9)냉동 (10)평지 (11)집단 (12)산문 (13)비행 (14)송년 (15)수업 (16)진찰 (17)원양 (18)근래 (19)기구 (20)감주
3. (1) 反省 (2) 記者 (3) 不眠症 (4) 集中 (5) 樂器
4. (1) 까마귀 날자 배 떨어진다. 아무런 관계도 없이 한 일이 공교롭게 다른 일과 때가 일치해 혐의를 받게 됨을 이르는 말. (2) 도시에 가까운 지역.
5. ②